AF496236

# L'INDE ET LE DROIT

PAR

## C. BERTHOLON, EX-REPRÉSENTANT

Judicabit in nationibus, implebit ruinas,
conquassabit capita in terra multorum.
*Ps.* 109.

Et justitia ejus manet in seculum seculi.
*Ps.* 110.

**Prix : 75 centimes.**

## PARIS

CHEZ LEDOYEN, LIBRAIRE-ÉDITEUR

GALÉRIE D'ORLÉANS, PALAIS-ROYAL

1858

# L'INDE ET LE DROIT

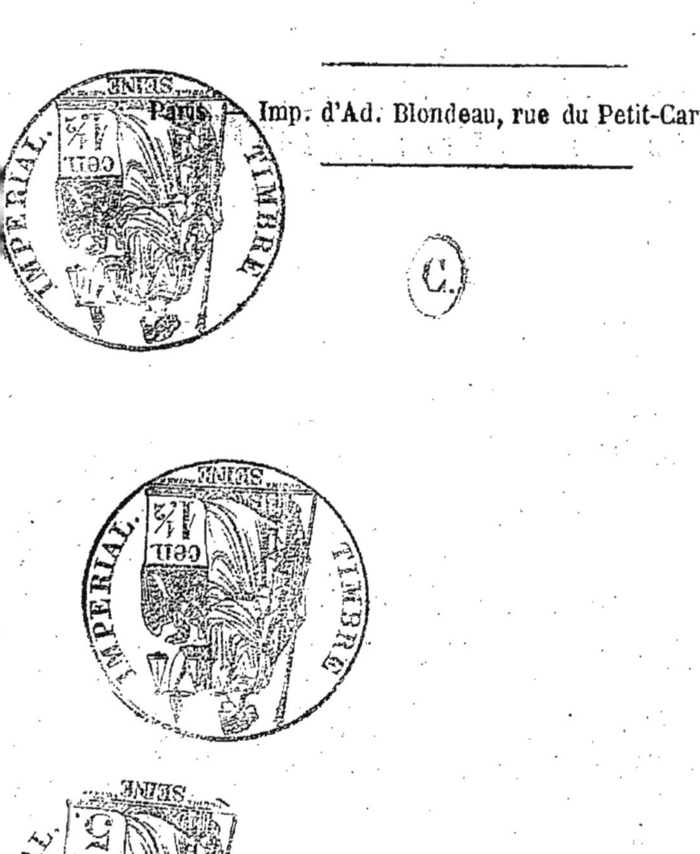

Paris — Imp. d'Ad. Blondeau, rue du Petit-Carreau, 26.

# L'INDE ET LE DROIT

PAR

C. BERTHOLON, EX-REPRÉSENTANT

Judicabit in nationibus, implebit ruinas,
conquassabit capita in terra multorum.
*Ps.* 109.

Et justitia ejus manet in seculum seculi.
*Ps.* 110.

Prix : 75 centimes.

PARIS

CHEZ LEDOYEN, LIBRAIRE-ÉDITEUR

GALERIE D'ORLÉANS, PALAIS-ROYAL

1858

# ENVOI A M. M***.


« Des vers ! Que nous veut donc ce message incommode ?
» Comment ! pourquoi des vers ? mais c'est passé de mode
» D'ici je vous entends, censeur rébarbatif ;
» Dans ses goûts, dites-vous, le public positif
» Accueille froidement l'hémistiche et la rime ;
» A ces frivolités il donne peu d'estime :
» Des maîtres de l'art tels que Lamartine, Hugo ,
» Seuls ont droit d'en entendre un fidèle bravo.
» D'où nous vient cet intrus qui, dans sa fantaisie,
» Confond la politique avec la poésie ?

« S'il voulait aborder un si grave sujet,

» A le traiter en vers, quel démon l'engageait ?

» Ce dilemme ne peut me sortir de la tête :

» S'il a trop de raison, c'est un triste poète,

» Et s'il est trop poète, il a peu de raison.

» La prose valait mieux. » Eh ! je ne dis pas non ;

Mais quelle prose faire, après tant d'écrivains,

Oracles éloquents des soirs et des matins,

Enseignant à la France, humblement prosternée,

Ce qu'elle doit penser pour toute sa journée.

Leur plume envahit tout. Sans écorner son lot,

Je voudrais bien aussi placer mon petit mot,

Si cela se pouvait ; voilà ce qui m'engage

A me risquer ici dans un autre langage.

De cette ambition, mon cher, excusez-moi ;

Vous savez maintenant le comment, le pourquoi.


Et puis lorsqu'avec art ou bonheur condensé

Se résume en un vers une bonne pensée

Sur la foule elle exerce un prestige vainqueur
Et subjugue à la fois son esprit et son cœur :
Aux tympans chatouilleux, que la cadence enchante,
Ce que l'on n'ose pas dire net on le chante.
Enfin, dans tous les temps calmes ou tourmentés,
Aux vers on a passé certaines libertés......
Combien de vérités dont le siècle s'honore
Ne durent leur succès qu'à cet écho sonore !

# AU PUBLIC.

Les hautes questions que soulève l'insurrection des Indes occupent à juste titre les hommes soucieux des destinées de l'humanité, qu'ils aient foi ou non dans le progrès. Cette insurrection est, sans contredit, parmi les événements dont l'avenir subira l'influence et dont nous devions être les témoins, l'un des plus considérables et des plus significatifs. Sans doute quelques rimes d'une plume presque inconnue sont de peu de poids dans le grave procès de droit international, aujourd'hui pendant devant le monde civilisé; en livrant à l'impression ce travail qui n'était pas d'abord destiné à la publicité, j'ai cédé à l'entraînement des esprits, et aussi au désir impérieux d'appuyer dans la limite de mes forces une cause que je crois juste et qui éveille en moi une vive sympathie. Il me semble que la gravité même du débat, et l'importance des principes mis en question, ne permettent à aucune voix de s'abstenir. L'esprit public est un courant qui se forme des plus minces ruisseaux : n'est-ce pas de l'expression sincère de l'opinion de chacun, de cette mêlée où toute individualité intervient avec sa raison et son cœur, que résultent les grandes convictions qui dominent une époque et deviennent pour ainsi dire la loi , sauf appel, s'il y a lieu, aux générations qui viendront après avec des lumières plus certaines, des aspirations plus parfaites ?

# L'INDE ET LE DROIT

Je proteste en ton nom, droit saint, droit immuable,
Loi de Dieu, comme lui constante, impérissable,
Phare dont la clarté, dans un terne horizon,
Luit pour servir de guide à l'humaine raison,
Qui sur ton roc, battu par des vagues sanglantes,
Des révolutions domine les tourmentes.
Astre longtemps perdu dans la nuit de l'erreur,
D'une ère de progrès certain avant-coureur.
Sous un ciel nuageux, étoile méconnue,
Et par la conscience à la fin reconnue,

L'esprit illuminé de ton divin rayon,
Droit civilisateur, je proteste en ton nom !


Je proteste en ton nom à la face du monde ;
Sur le meurtre et le dol malheur à qui se fonde !
La sanction du temps et de l'impunité
N'imposera jamais sa chaîne à l'équité.
Depuis quand, pour sauver son enfant qu'on égorge,
Une mère en fureur, retirant de sa gorge
Tout ruisselant de sang l'inflexible couteau,
Aurait-elle remords d'en frapper son bourreau ?
Depuis quand au voleur, arrêté dans sa course,
Serait-il défendu de reprendre sa bourse ?
Quand sur le crime heureux la justice s'endort
La victime a le droit de réparer son tort.
La pensée et la chair n'ont pas de servitudes ;
Différent par ses lois, ses arts, ses habitudes,
Tout peuple, à ses rivaux en estime pareil,
De par la Providence a sa place au soleil.

Tuer les nations, ou bien tuer les hommes,

S'appelle assassiner à l'époque où nous sommes.

Dans le monde éclairé la voix de la raison

Tonne encore plus haut que la voix du canon.

Pour se justifier de son hideux office,

La guerre aux yeux de tous doit être la justice.

Si le bon ordre exige une exécution,

Le fer, qui sans merci frappe une nation,

Doit avoir la vertu de guérir sa blessure,

Apporter une loi, plus féconde et plus pure,

Faire fleurir les arts, l'industrie et la paix ;

C'est le droit du vaincu. Toujours par des bienfaits

La conquête a besoin d'être légitimée.


Mais, par l'appât du lucre au trafic animée,

Qu'une simple entreprise, en son vaste bercail

Parque des nations ainsi qu'un vil bétail

Et n'ait d'autre souci que d'en régler la tonte ;

C'est pour le genre humain un malheur, une honte.

Si la philosophie et la religion .

Se taisent, droit sacré, je proteste en ton nom !


Sur les rives du Gange, imprudente Angleterre,

Qui donc a dans son antre éveillé la panthère ?

Vois tomber tes guerriers, tes enfants, tes vieillards,

Dans ces champs dévastés vois leurs membres épars.

Qui donc à la lueur de ces sinistres flammes

De cyniques affronts ose souiller tes femmes ?

Reconnais dans les flancs de tes fils égorgés

Les sabres, les poignards par toi-même forgés !

Ivres de leur douleur, tes sauvages esclaves

Sur le front de leur maître ont brisé leurs entraves.

Lorsqu'une bête fauve, à l'instinct indompté,

A rompu le lien de sa captivité,

L'aspect de son geôlier vient redoubler sa rage ;

Elle court en semant la mort sur son passage,

Et, traînant sur ses pas les débris de ses fers,

D'un lugubre tocsin épouvante les airs.

Effarouchée et libre, ainsi la race hindoue
Piétine en sa fureur une sanglante boue.
Nous en avons horreur, mais sa férocité
N'accuse-t-elle pas ton inhumanité ?
Oh ! je ne prétends pas, troublant tes funérailles,
Justifier ici d'atroces représailles ;
D'un peuple tout entier insulter aux malheurs,
Et d'un tardif reproche irriter ses douleurs.
J'en conviens, à tes jours, tu fus et noble et grande.
Des noms de tes penseurs l'immortelle guirlande
Dans le ciel de l'Europe à jamais brillera ;
A la postérité l'histoire en parlera.
Lorsque sur nos aïeux, que leurs feux embrasèrent,
Du sein de tes brouillards ces astres se levèrent,
Aux peuples détrompés leur soudaine clarté
Auprès de la raison montra la liberté.
Ton exemple au travail, qui crée et qui féconde,
A conquis le respect et l'estime du monde ;
Et du sceptre ta loi mesurant le pouvoir
Traça des citoyens le droit et le devoir.

Lieu d'asile du monde, inviolable et fière,
S'ouvre à tous les proscrits ton île hospitalière.
Ces tribuns fugitifs, ces rois découronnés
Par le sort inconstant un jour abandonnés,
Que poursuivent partout ses rigueurs implacables,
Que les dissensions rejettent sur tes sables
Y trouvèrent toujours le calme et le repos :
La vengeance s'arrête en mouillant dans tes eaux.


Aussi j'invoquerai ta gloire, qui t'oblige,
Et ta propre raison que ta conduite afflige.
De ton empire indien les sceptres achetés
Par tant de trahisons, de faux, de cruautés,
Sont-ils même à tes yeux des titres légitimes ?
T'innocenteront-ils du sang de tes victimes ?
En vain d'illustres voix ont, dans ton Parlement,
Contre ces attentats protesté noblement
Et fait de leurs accents frémir tes deux tribunes ;
Les bills approbateurs des Lords et des Communes

Ont été trop souvent pour la postérité
Les témoins solennels de ta complicité.
Par l'intérêt marchand, constamment dominée,
Sous son joug tu laissas ployer ta destinée,
Ce que tant de fortune exigeait de vertu,
L'honneur de restaurer un vieux monde déchu
Tu le sais et ne peux accomplir cette tâche.
C'est que sous son orgueil toute puissance cache
Son ver rongeur. Comment sous tes mille vaisseaux
De tous les océans tyranniser les eaux ?
Comment alimenter ta géante industrie,
Et contenter la faim du monstre quand il crie ?
Au Mercure insulaire ouvrant des débouchés,
Il faut du monde entier asservir les marchés,
Et pour que la cité de ses tributs s'engraisse
A tout un continent imposer la paresse.


C'était fatal, au cœur des hommes de comptoir
L'ardente soif du gain étouffe le devoir.

Tu subis l'ascendant de cette triste école
Dont la bourse est le temple et dont l'or est l'idole.


Pour le régénérer ce peuple qu'as-tu fait ?
Voyons-nous dans ses mœurs briller un seul reflet
De cet esprit chrétien dont ton clergé se vante ?
Non, objet de dégoût autant que d'épouvante
Il rampe, souffre et meurt sur le sol glorieux
Qui bénit autrefois la loi de ses aïeux.
Quoi ! ces hommes tombés sous les pas des Tartares,
Parce qu'on les flétrit du titre de barbares,
Peux-tu les exploiter dans leur sang, dans leur chair,
Du prix de leurs sueurs extorquer le plus clair ?
Faut-il qu'ils soient livrés en proie au monopole,
Vautour qui jour et nuit garde ton capitole ?
Quand leurs riches produits comblent ton magasin
Donne-leur en païment la misère et la faim,
A des spectres alors, parcourant leurs bourgades,
Tu pourras pour linceul vendre tes cotonnades !

Vaincus et condamnés à travailler pour toi
Le bien que leur ravit ton égoïste loi,
Tu les croyais domptés... Échappés à ta serre,
En armes et debout, ils réclament la terre
Où leurs pères sont morts, où leurs fils sont venus,
Et disent bravement : Ou dessous, où dessus !


C'est leur droit ; le courage, à mes yeux, le consacre.
Quand on ajouterait massacre sur massacre,
Le sang prévaudrait-il contre la vérité ?
Lorsqu'un peuple opprimé reprend sa liberté,
Pour elle sait combattre et mourir, c'est un signe ;
Qu'il soit barbare ou non, il en est déjà digne.


Au lieu de l'insulter, au lieu de l'égorger,
C'est à vous de l'instruire et de le protéger ;
Peuples civilisés, au nom de la justice,
C'est à vous que du monde appartient la police,

Afin qu'en cet accord les intérêts privés
S'équilibrent entre eux, au bon ordre rivés.


Que l'Angleterre jeûne et se couvre de cendre,
Et jusqu'au repentir se résigne à descendre,
Sous la main qui châtie elle plie à demi ;
Plus que sa piété son orgueil a gémi.
En vain de ses prêcheurs l'éloquence interlope,
Prend, pour nous endormir, un air de philanthrope ;
Des hommes invoquant la solidarité,
Vous seuls pouvez parler avec autorité.
On sait trop quels accès de cruelle démence
Donnent la soif de l'or unie à la vengeance.
Les dignes héritiers des Clives, des Hastings,
Sont-ils bien convertis malgré tous leurs meetings ?
Je veux le croire ; mais leur vaine pénitence
Pour l'œuvre qu'on attend est de mince importance.
Où donc trouveraient-ils de l'or et des soldats ?
C'est au monde ligué, géant aux mille bras,

Que revient ce labeur ainsi que cette gloire.
D'un éclat tout nouveau rehaussant la victoire,
Aux vaincus, accablés du poids de ses bienfaits,
Lui seul peut commander le travail et la paix.
A lui donc d'apaiser cette lutte d'hyène,
Où le vainqueur attend sa part de chair humaine,
Où même, sans combat, de meurtre on se repaît,
Où le fer et le plomb font moins que le gibet.
A Caïn, affublé d'une hypocrite haire,
C'est à lui de crier : Qu'as-tu fait de ton frère ?
A lui de maintenir, intact et respecté,
Le droit des nations et de l'humanité.


Chaque race a sa loi, comme sa raison d'être,
Que, sans aveuglement, on ne peut méconnaître,
Et, soumise à l'attrait d'un invincible instinct,
Dans l'œuvre du progrès a son rôle distinct.
Cette diversité de penchants, de génie,
Doit un jour, ici-bas, enfanter l'harmonie.

Au terrestre atelier, tous les peuples admis,

Devraient s'aimer, s'aider, ne lutter que de zèle.

Quand l'avarice entre eux allume une querelle,

Leur stupide furie effondre leur chemin

Où Dieu, vers le bonheur, les mène par la main.

Qu'elle soit musulmane, ou boudhiste, ou chrétienne,

Il est juste, avant tout, que l'Inde s'appartienne.

Elle a son œuvre aussi, tout aussi bien que nous !

Que ses riches pays nous soient ouverts à tous ;

A grands flots versons-y, d'une main fraternelle,

Les trésors que chez nous la science amoncelle.

Que la reconnaissance, encor plus que l'effroi,

D'une sage tutelle autorise la loi.

Adoucissons leurs mœurs, humanisons leurs codes,

Et qu'un encens plus pur brûle dans leurs pagodes !


Ce n'est pas là, sans doute, une œuvre d'un moment ;

Cette société, monstrueux monument ;

Aux bizarres aspects, aux effrayantes ombres
Où des siècles passés s'entassent les décombres,
Or et boue, en un bloc, par l'erreur cimentés,
Quelle trempe mordra dans ses aspérités ?
Comment la démolir ? comment la reconstruire ?
Essayons, en marchant le temps va nous instruire :
Tout progrès s'accomplit à son jour, en son lieu,
Faisons notre devoir et fions-nous à Dieu.


Non ce n'est pas un rêve, une vaine utopie !
La raison me le dit, douter serait impie.
Comme Lazare un jour l'Inde s'éveillera
A la voix d'un sauveur elle se lèvera.
Ciel, que la barbarie attrista de son voile,
De la rédemption tu reverras l'étoile.
Au fond de vos tombeaux, hélas ! foulés aux pieds,
Sages des premiers jours par vos fils oubliés,
Du pas de nos soldats si vous sentez l'empreinte
Ah ! ne tressaillez point de colère ou de crainte ;

Ils viennent affranchir votre postérité,
Lui rendre sa splendeur avec sa dignité.
Cités du monde ancien, relevez vos ruines.
Terre sois affranchie et chasse les famines !
Dans ton golfe où vois bouillonner leurs sillons,
De cent peuples amis flottent les pavillons.
Ils vont de leurs comptoirs envahir ton rivage ;
Ouvre-leur tes bazars, reçois-les sans ombrage ;
Ils viennent, sur la foi de fructueux liens,
T'apporter leurs produits et demander les tiens,
Par la douane anglaise asservie, étouffée,
L'Inde dépérissait ; l'échange, bonne fée ,
Sur elle versera mille trésors divers
Cueillis ou fabriqués aux bouts de l'univers.
Les dons que fait le ciel à l'humaine famille
Pour les besoins de tous elle les éparpille ;
Toujours, qu'elle récolte ou sème, son butin
Centuple de valeur en passant par sa main ;
Par le seul intérêt elle semble guidée ,
Et comme la richesse elle répand l'idée...

Nous te verrons bientôt t'élancer sur ses pas,

Et revenir encor régner sur ces climats,

Civilisation, puissance infatigable ;

De l'isthme de Suez tu creuseras le sable

Et, suivant le chemin par ton génie ouvert,

Toutes voiles au vent franchiras le désert.


Des usurpations sans respecter la chaîne

Que l'homme libre et maître en son vaste domaine,

Domptant par la vapeur l'espace contracté,

D'une contrée à l'autre à son gré transporté,

Sur le globe affranchi que son amour embrasse

Voie en groupes heureux s'épanouir sa race !

Au nom des vieux traités, frauduleux parchemins,

On voudrait vainement lui barrer les chemins.

Va, vieille politique au douteux équilibre,

Le temps qui de ton cœur a desséché la fibre

De tes lacets cruels débrouillera les nœuds !

Ton art sceptique, faux, égoïste, haineux,

Pour servir le mensonge et la force brutale,

Perdit l'humanité dans un sanglant dédale ;

Mais puisqu'un jour plus vrai promet au genre humain

Après tant de douleurs un meilleur lendemain,

Suivons, quand vers l'Eden un Dieu bon nous rappelle,

Sa loi qu'à notre esprit la science révèle,

Et que l'épée enfin rentre dans le fourreau ;

Il faut un nouveau droit pour un monde nouveau.

La force a fait son temps ; le droit n'a plus de maître ;

Profané tant de fois, son nom ne peut plus être

La consécration d'un inique attentat :

Le juste et le vrai seuls sont les raisons d'Etat.

Effacer par degré tout ce qui s'en écarte ;

Du globe transformé rectifier la carte ;

Saintement enlacer sous les mille réseaux

De l'électricité, des rails et des canaux,

Les peuples, à jamais associés et frères,

Dans un même bonheur les rendre solidaires ;

Donner, en proclamant un code souverain,

Au faible un protecteur, au violent un frein ;

Dans un ordre, où chacun trouve l'indépendance,

L'essor de ses instincts, la joie et l'abondance,

Dompter les passions, sans éteindre leur feu ;

Telle est la mission, tel doit être le vœu

De ceux qui des États dirigent la fortune.

Des rénovations quand vient l'heure opportune

Leur doigt, pour en régler la marche sur leur plan,

Tente en vain d'attarder l'aiguille du cadran ;

Impassible, elle suit un cours irrévocable,

Et donne au jour fatal le signal redoutable.

Malheur alors, malheur ! aux aveugles, aux sourds,

Au labour social attelés à rebours !

En place de sillons, ils creusent des abîmes

Où la postérité récoltera des crimes.


Du Mysore au Thibet, voyez l'Asie en feu !

Ce sol favorisé, cette terre, à qui Dieu

Du genre humain enfant confia l'innocence :

Ce n'est plus qu'un charnier épouvantable, immense

Qu'habitent la terreur, la vengeance et la mort !
La révolte à l'œil fauve a rugi sur ce bord
Où l'avide Angleterre, arborant sa bannière,
Sous son boisseau vénal oublia la lumière.


L'humanité le veut, il est temps d'accourir ;
C'est elle qui succombe, il faut la secourir,
Mais le sceptre usurpé, que l'Inde frémissante
Brise violemment dans la main impuissante
A la civiliser comme à la contenir,
De par le droit des gens il faut le retenir.


La raison ne saurait céder devant l'injure.
Ce pays qu'on maudit, ce pays qu'on torture,
Contre un joug étranger justement ameuté,
Revendique après tout ses lois, sa liberté.

Tout homme a droit de vivre aux lieux qui l'ont vu naître,
D'en chasser l'oppresseur que la force a fait maître.
C'est une cause juste et sainte, ces Indiens
Défendent leurs drapeaux, leurs familles, leurs biens :
Tout ce qui fait la vie et du corps et de l'âme.
Est-ce nous qui viendrons leur infliger un blâme ?
Nous, qu'on vit en des jours, hélas ! sans lendemain
Rêver l'indépendance et du Tibre et du Rhin ;
Plus tard à la révolte animer la Hongrie ;
Protester en faveur des chrétiens de Syrie ;
Encourager l'Egypte à braver le Sultan ;
Qui des peuples roumains restaurons le divan.
Nous, dont la main fidèle est constamment tendue
A notre sœur du Nord, sur sa croix étendue,
Nous, enfin, dont les cœurs, sympathiques échos,
Retentissent encore des vœux et des bravos
Qui donnèrent, du sein de Londre et de Lutèce,
Un chaleureux salut au réveil de la Grèce !
Les Hindous ont aussi de célèbres débris,
Des titres immortels, par leurs pères inscrits

Sur les premiers feuillets des annales du monde.

Des siècles fabuleux perçant la nuit profonde,

Leur gloire a des rayons qui viennent jusqu'à nous !

Devant des dieux grossiers maintenant à genoux,

Aux premières lueurs de l'humaine croyance

Ils prièrent jadis l'unique intelligence,

L'être incréé, parfait, puissance, amour, beauté,

Qui remplit l'infini de son activité.

Des sciences, des arts ils burent à la source.

Des astres, les premiers, étudiant la course,

Ils surent distinguer et les mois et les ans,

Et trouvèrent au ciel la mesure du temps.

Leurs chiffres, du calcul éclaircissant les ombres,

Permirent à l'esprit de posséder les nombres ;

Et, grâce au jeu savant de leurs combinaisons,

Ils ouvrirent la route aux Leibnitz, aux Newtons.


L'Inde eut en ses grands jours ses héros, ses conquêtes,

Ses artistes fameux, ses savants, ses poètes,

Et notre Europe encor, après trois fois mille ans,

Admire leurs travaux, applaudit à leurs chants.

De ses fleurs, de ses fruits la terre nuancée

Y fut féconde en tout ; c'est là que la pensée,

Au ciel de tous ses feux dérobant le plus beau,

De la philosophie alluma le flambeau.

Vénérable berceau de la sagesse antique,

O temple d'Ellora, sanctuaire mystique,

Où vinrent s'inspirer tant de législateurs,

Des lois de leur pays, hardis réformateurs ;

De la société tu vis poindre l'aurore,

A son reflet lointain tu resplendis encore ;

Le vieux monde épela dans tes flancs de granit

La parole par qui tout commence et finit,

Et ce souffle divin, dans sa course sacrée,

Fut porter le progrès de contrée en contrée.

Souffle qui sans pouvoir s'épuiser ni mourir

Sur les âges futurs doit à jamais courir....

L'enseignement, qu'alors tu te plûs à répandre,

Demande à l'Occident s'il voudra te le rendre !

Quand le patriotisme au sein de l'Hindoustan
Dormait, comme une lave au centre d'un volcan
Sous une cendre épaisse à peine consumée,
Et que trahit dans l'air une rare fumée,
Le droit, que l'oppresseur étouffait sous ses pas,
Oublié s'éteignait, on ne l'invoquait pas.
Mais les iniquités, s'entassant dans le gouffre,
D'ardentes passions ont allumé le soufre.
Maintenant on entend mugir la fusion,
L'esprit national a fait irruption
De larmes et de sang : c'est une mer qui monte
Et bondit vers le ciel pour lui demander compte.


Du droit au désespoir, ce terrible signal
Ne l'entendras-tu pas, vieux docteur libéral ;
Occident, qui t'endors au bruit de ta parole ?
Tu parlais d'or, agis, c'est la fin de ton rôle.
Fais taire dans les cœurs énervés, pervertis,
Tous ces louches calculs, par l'honneur démentis.

Les principes admis veulent qu'on les applique ;
C'est là de l'avenir la grande politique.
L'ordre, gloire de tous, et salut de chacun ,
N'est stable qu'à l'abri du bien-être commun.